Zweisprachiges Bildwörterbuch der Tiere für Kinder

Kétnyelvű képes állatszótár gyermekeknek

Deutsch-Ungarisch

Von Richard Carlson Jr.

Szerző: Richard Carlson Jr.

Illustriert von Kevin Carlson

Kevin Carlson illusztrációival

© copyright 2017 Richard Carlson Jr.

Illustrations © copyright 2017 Kevin Carlson

All rights reserved.

Professional human translation by OneHourTranslation.com.

The author would like to thank the illustrator and translators for their help.

Kamel
Teve

Nashorn

Rinocérosz

Giraffe

Zsiráf

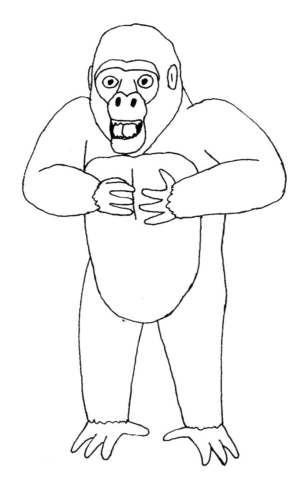

Gorilla

Gorilla

Gepard

Gepárd

Löwe

Oroszlán

Affe

Majom

Zebra

Zebra

Elefant
Elefánt

Krokodil

Krokodil

Koalabär
Koala

Känguru

Kenguru

Fledermaus
Denevér

Bär

Medve

Biber

Hód

Luchs

Hiúz

Kojote

Prérifarkas

Fuchs

Róka

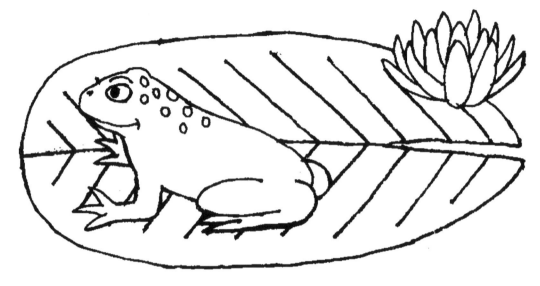

Frosch

Béka

Falke

Sólyom

Pferd

Ló

Pandabär

Panda

Eidechse

Gyík

Opossum

Oposszum

Pfau

Páva

Eule

Bagoly

Waschbär

Mosómedve

Rentier

Rénszarvas

Stinktier

Bűzös borz

Schlange

Kígyó

Kröte

Varangyosbéka

Truthahn

Pulyka

Geier

Keselyű

Krebs

Rák

Fisch
Hal

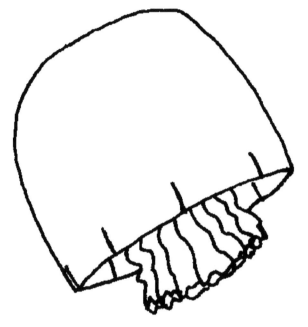

Qualle

Medúza

Tintenfisch
Polip

Haifisch

Cápa

Kalmar

Tintahal

Seestern

Tengeri csillag

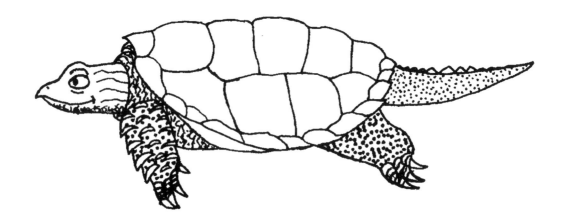

Wasserschildkröte

Teknős

Katze

Macska

Kätzchen

Kiscica

Hund

Kutya

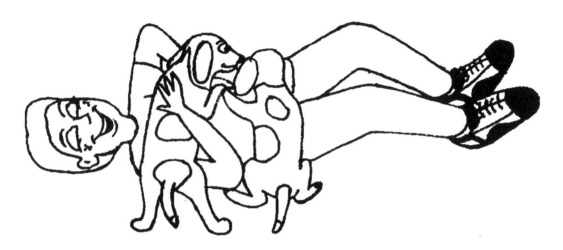

Hundewelpe

Kutyakölyök

Papagei

Papagáj

Eichhörnchen

Mókus

Vogel

Madár

Ente

Kacsa

Hahn

Kakas

Pony

Póniló

Kaninchen

Nyúl

Über das Buch: Lerne mit Hilfe dieses zweisprachigen Bildwörterbuches für Kinder mehr als fünfzig verschiedene Tiere kennen.

Über den Autor: Richard Carlson Jr. ist ein Autor zweisprachiger Kinderbücher. www.rich.center.

Über den Illustrator: Kevin Carlson ist Autist und liebt Kunst.

Printed in Poland
by Amazon Fulfillment
Poland Sp. z o.o., Wrocław